मैं जो हूँ

(काव्य-संग्रह)

वाणी प्रकाशन

मैं जो हूँ

विश्वनाथ सचदेव

ISBN : 978-93-5000-439-5

वाणी प्रकाशन
21-ए, दरियागंज, नयी दिल्ली-110002
द्वारा प्रकाशित

प्रथम संस्करण : 2000

मूल्य : 150.00 रूपये

शब्द-संयोजक
विनायक कम्प्यूटर्स, दिल्ली-110032

नागरी प्रिंटर्स, दिल्ली-110032
द्वारा मुद्रित

MAIN JO HUN
by Vishwanath Sachdev

भूमिका

ये कविताएँ

कविता क्या है और कविता कैसे लिखी जाती है, ये दोनों सवाल मुझे हमेशा उलझन में डाल देते हैं। जब-जब इन सवालों से रूबरू होता हूँ, अंत में सिर झटक कर मुंह चुराना पड़ता है। सोचता हूँ, इन सवालों के जवाब देना जरूरी ही क्यों हो? वैसे, कविता लिखने के बजाये मैंने कविता पढ़कर कविता को बेहतर समझा है। जब भी कोई कविता अच्छी लगती है, तो मैं कहता हूँ, यह होती है कविता।

और कविता वह अच्छी लगती है, जो दिमाग और दिल दोनों को छुए। और ऐसा तभी होता है, जब कवि और पाठक या श्रोता दोनों एक धरातल पर खड़े हों। एक-सी अनुभूतियों को जिये। पाठक को लगे कविता में जो कुछ है, कहीं न कहीं वह उसकी अपनी बात भी है। यह तभी संभव है जब कविता में अनुभूति की गहराई और ईमानदारी झलके। यानी कविता की कोई परिभाषा मुझे देनी ही होती तो वह अनुभूति और अभिव्यक्ति की इन्हीं शर्तों के दायरे में होगी।

कविता कब लिखना शुरू किया, इसका उत्तर भी सहज नहीं है। उम्र और अनुभव की इस यात्रा में न जाने कितने मोड़ों पर लगा कविता तो अब लिखी गयी है, इससे पहले तो...

अपनी कविता-यात्रा में कब, कहीं कुछ ढंग का लिखा है, पता नहीं। जो लिखा है, वह कविता है भी या नहीं, पता नहीं। पर लिखता रहा हूँ। कभी कोई दृश्य, कभी कोई घटना, कभी कोई विचार... और कभी कोई शब्द लिखने का कारण बन जाता है। इस तरह जो कुछ लिखता हूँ, उसे मैं कविता मान लेता हूँ। आप इनहें कविता मानते हैं या नहीं, यह आपका संकट है।

जैसे गजल के लिए कहते हैं, गजल हो गयी, वैसे ही कविता भी लिखी नहीं जाती, हो जाती है। कविता लिखी जाने की यह प्रक्रिया कब और कैसे शुरू होती, यह अब तक रहस्य है मेरे लिए। पिछले बीस सालों में मैंने अधिसंख्य कविताएँ बम्बई की भीड़ भरी लोकलगाड़ियों में खड़े-खड़े यात्रा करते हुए लिखी हैं—अखबारों, पत्रिकाओं के पन्नों की खाली जगहों में या फिर हाथ में लिये लिफाफों पर। उस भीड़ में मैंने अपने आप को हमेशा अकेला पाया है। पर अकेलेपन का यह अहसास मुझे डराता नहीं, न ही मुझे लगता है कुछ गलत हो रहा है मेरे साथ। यह अकेलापन न तो मेरे लिए अलगाव का पर्याय है और न ही कोई यातना। लोकल गाड़ी में

खड़े-खड़े कविता लिखते समय मैं जिस अकेलेपन को जीता हूँ, वह वस्तुतः एक अवसर होता है मेरे लिए। मेरे कंधा का बल तोलती आस-पास की भीड़ या मेरे अस्तित्व को दबाने की कोशिश में लगी डिब्बे के भीतर की सांसों का बोझ अक्सर मुझे सबसे काटकर अस्तित्व के एक ऐसे टापू में पहुँचा देता है, मैं अकेला होता हूँ। सिर्फ मैं। तब कभी खिड़की के बाहर अचानक कोई तितली उड़ती दिखाई दे जाती है और अनायास मैं अपने आप से पूछ बैठता हूँ, सच बताना आखिरी बार तितली को कब देखा था? फिर पता नहीं यह प्रश्न कब और कैसे कविता बन जाता है।

एक बार ऐसे ही आकाश में उड़ते बादल मुझे भा गये थे। मैंने चाहा ये बादल हमेशा मुझे दिखते रहें। पर वह बादल भाने का एक कारण उनका उड़ना भी था। सो मैंने चाहा ये बादल ऐसे ही दिखते भी रहें, ऐसे ही उड़ते भी रहें। पर दोनों बातें एक साथ कैसे संभव हो सकती हैं। कभी-कभी यही असंभव विचार को कविता बना देता है। वैसे, क्या कविता किसी असंभव को साधने की कोशिश नहीं है?

असंभव को साधने का एक उदाहरण स्वयं अपने आपको पहचानने की कोशिश है। यह काम, मुझे लगता है, कविता के माध्यम से हो सकता है—कम से कम मैं तो ऐसा मानता हूँ। मुझे यह भी लगता है कि कविता में आदमी बेईमान नहीं हो सकता, यह ऐसा दर्पण है, जो चेहरे को हर कोण से देखना संभव बनाता है। कविता स्वयं को बहलाने का नहीं, स्वयं को जानने का माध्यम है। स्वयं को जानने-पहचानने की यह प्रक्रिया कविता के वृहत्तर आयाम का एक महत्त्वपूर्ण हिस्सा है। इसी प्रक्रिया में आदमी यह भी सीखता है कि आदमी कैसे बना जाये अथवा कैसे बना रहा जाये। कविता के धरातल में सह-अनुभूति के उन रंगों का निखार दिखता है जो एक सहज मानवीय संवेदनशीलता को उजागर करते हैं। यही संवेदनशीलता किसी पंत से कहलवाती है—आह से उपजा होगा गान। यही संवेदनशीलता आँखों से उमड़ती है। कविता बनती है। मैं कविता को जीवन से अलग करके नहीं देख सकता और न ही यह मान सकता हूँ कि संवेदनहीन व्यक्ति मनुष्य होता है।

बस इतना ही। शेष, मेरी कविताएँ बोलेंगी—यदि कुछ है उनके पास कहने को!

—विश्वनाथ

अनुक्रम

जड़ों की ओर

यहीं कहीं था वो घर
जहाँ पहुँचने के लिए
कई-कई बार जन्मा हूँ मैं।
विद्यानिवासजी कहते हैं
घर वो जगह है
जहाँ लौटने को मन करता है बार-बार,
बार-बार मैंने जाना चाहा है वहाँ
जहाँ घर होता है,
यहीं कहीं तो था वो घर!
खो जाता है जब अपना ही घर
लगता है तब जैसा,
शायद वैसा ही लगता होगा उस नदी को
जो सागर तक पहुँचने से पहले ही
सूख जाती है सर पटक-पटक कर !

खो गयी थी याददाश्त ओकेजी की
और फिर उन्हें घर नहीं मिला कभी भी,
या फिर घर नहीं मिला
खो गयी थी याददाश्त इसलिए ?
मिलता नहीं है घर जब-जब
शायद स्मृति-भ्रम होता है तब तब,
तब तब लगता है
यहीं कहीं तो था वो घर,

वही तो था यह जामुन का पेड़
जो मुझे जामुन खिलाता था कभी,
और मैं बैठा-बैठा पेड़ पर
देखा करता था बहती नदी को
पेड़ भी है
नदी भी है
याद भी है जामुन खाने की,
लेकिन वो घर...
कहीं ऐसा तो नहीं
ऐसी ही यादों का एक नाम घर हो
जहाँ माँ बासी रोटी पर
मक्खन रखकर खिलाती थी,
जहाँ पिता ने ताड़ना दी थी इसलिए
कि बेटा घर लौटने में देर करने लगा था,
अंधेरा पसरने के बाद आता था घर,
और पिता कहते थे
अच्छे बेटे लौट आते हैं घर उजाला रहते,
आज मैं अच्छा बच्चा बनना चाहता हूँ ओ पिता,
पर घर कहाँ है?
यहीं कहीं तो था वो घर।
समेट रहा है अपने डैने उजाला,
अंधेरा पसर रहा है,
और मैं ढूंढ़ रहा हूँ अपना घर,
घर, जहाँ पहुँचने के लिए
कई-कई बार जनमा हूँ मैं,
यहीं कहीं तो था वो घर !

शहर में वसंत

कमरें में मेरे वसंत घुस आया है!

रात जब सोया था
अच्छी तरह याद है
दरवाजा मैंने बंद कर लिया था
खिड़की खुली थी बस
उसी खुली खिड़की को
दरवाजा मानकर
कमरे में मेरे वसंत घुस आया है!
मैं परेशान हूँ
कैसे उसे कहूँ बैठो,
और कहाँ बैठेगा?

मैं हूँ, मुन्ना है,
मुन्ने की माँ है,
और जगह कहाँ है?
और बैठकर करेगा यहाँ क्या?
फूल यहाँ कहाँ है?
राग यहाँ कहाँ है?
फाग यहाँ कहाँ है?

याद है, गाँव वाले घर में
जब वसंत आता था

शोर मच जाता था
आँगन में आर-पार
धूप उतर आती थी,
धूप—जो मीठी थी,
धूप—जो खट्टी थी
धूप—जो फूलों सी नरम-नरम होती थी
धूप—जो अपनों सी गरम-गरम होती थी
यहाँ वह धूप कहाँ?

गाँव वालें घर में जब आया था
महकी हवाएँ तब बौरायी फिरती थीं
लाल-पीले फूलों का ज्वार उमड़ आता था,
रग्घू की बड़ी बहन चहक-चहक जाती थी,
यौवन का हर लमहा इतराता-गाता था।

यहाँ कौन गाता है
कौन इतराता है
मन नहीं खोता यहाँ
मौसम खो जाता है,
फिर क्यों निगोड़ा वसंत चला आया है
मेरे घर का पता इसे किसने बताया है?

बरगद

वहीं खड़ा है वह जहाँ कभी आँगन था,
जब वह छोटा था, आँगन बहुत बड़ा था
असब बड़ा हो गया वह, छोटा पड़ गया है आँगन
कभी वह आँगन की शान था
छाँह देता था सबको, सारे घर को,
अब भी है छाँह उसके पास
देना भी चाहता है सबको
पर कोई लेता नहीं
फुर्सत नहीं है बैठने की छाह में किसी के पास,
कल तक वह हँसता था, गाता था,
पीर-प्यार बाँटता था सबके साथ
एक भरोसा था वह-- जीवित भरोसा
पर अब...
अब बरगद बूढ़ा हो गया है
अब वह अकेला है भरे-पूरे आँगन में,
आँगन में खड़ा है, सबको पता है,
दीखकर भी सबकी निगाहों में नहीं है वह
बरगद को ऐसे ही खड़ा होना होता है
बरगद तो ऐसे ही खड़े रहते हैं!

... और रात का सिरा नहीं है

दोनों सिरे जले हों जिसके
ऐसी बाती
सारी रात नहीं जल पाती!

दोनों सिरे जल रहे इसके
और रात का सिरा नहीं है,
अगर कहीं है,
नहीं दिख रहा,
सिर्फ दिख रहे अपने साये।
बाती की लौ के संग घटते-बढ़ते साये।
ये अपने हैं, लेकिन फिर भी
डर लगता है इन्हें देखकर,
अपने से डरने की पीड़ा
बार-बार मरने की पीड़ा
इस पीड़ा का बोझ बहुत है,
ढो पाऊंगा इसे कहाँ तक?
जितनी दूर पहुँच कर पीड़ा प्यार बन सके,
ढो पाऊं मैं काश वहाँ तक!
काश वहाँ तक ढो पाऊं मैं,
इसे वहाँ तक ले जाऊं मैं
जहाँ पहुँचकर अंतर पीड़ा और प्यार का मिट जाता है
जहाँ पहुँचकर थका हुआ सूरज दो पल को रुक जाता है,
वे दो पल

बस वे दो पल ही,
थकन मिटा देते सूरज की !
बहुत थक गया मेरा सूरज
हमको रुकने-सुस्ताने के दो पल दे दो,
मेरी बाती
दोनों सिरे जले हैं इसके,
किसी तरह से सारी रात जल सके
ऐसा सम्बल दे दो!

कबूतर की मौत पर

खो गयी थी टायरों के जलने के
गंध और धुएँ में
आदमीयत के जलने की गंध!
एक दहशत-सी हमा में,
सड़क खाली थी,
अगर कुछ था
जो हावी था हवाओं पर,
बड़ा भीषण-सा सन्नाटा।
अभी कुछ देर पहले तक ?
उसी की गूंज थी शायद
सड़क जिससे भरी-सी थी।
कहीं कुछ चल रहा था आदमी-सा
कोई रुक-रुक कर,
कभी दिखता था हमसाया
तो डर जाता था बेचारा,
नहीं देखा नाटक था,
मगर डर था निगाहों में,
अजब-सी बात थी
दोनों डरे थे एक-दूजे से।
और भी कुछ था सड़क पर...
लाश इस नन्हें कबूतर की!

यूँ ही

हम सबका गुस्सा
हम सबका अपना है,
फिर भी कुछ हो जाने का सपना है!

महरी जब चाहे छुट्टी ले लेती है
दफ्तर का चपरासी जब चाहे, आता,
टेलीफोन नहीं बजता है हफ्तों तक
हफ्तों तक गाड़ी होती है लेट यहाँ,
क्रास लगाने वाला क्लर्क पहुँच जाता !

चिढ़ा-चिढ़ा-सा रहता बॉस न जाने क्यों,
जाने क्यों महंगाई बढ़ती जाती है,
लोकल में यह भीड़ नहीं क्यों कम होती,
अस्पताल में दवा कहाँ खो जाती है ?
पढ़कर भी क्यों नहीं नौकरी कहीं मिली
रिश्वत देकर ही क्यों काम निकलता है
भूखा क्यों सोता है नीलू का बेटा
दिखता है यूँ रोज़ दाल में काला क्यों?
इतने सारे गुस्से... हम इतने सारे
क्यों शापित हैं हम सब गुस्सों के मारे?

शाप नहीं क्यों लगते हैं इस कलियुग में
पाप हमेशा क्यों फलते हैं इस युग में?

जो जितना ऊंचा है, उतना नीचा है,
हर सिंहासन के नीचे कंकाल यहाँ,
बेच रहे हैं सपने आँखों के अंधे,
काँटों के पारखी फूल के सौदागर।
सबका अपना एक हिमालय भरमों का,
सबकी मुट्ठी में सपनों के सागर हैं,
सब पैरों के नीचे खिसक रही रेती,
किंतु नहीं अहसास उतरते पानी का।
सब पागल अपने गुब्बारों के पीछे,
हर पतंग की कटी हुई-सी लगती है।
सच्चाई का सूरज सबके पीछे है
इसीलिए हम बौने, साये कद्दावर,
इसीलिए साये हम सबके आगे हैं।
आज नहीं तो कल साये छोटे होंगे,
रोज यही विश्वास दिलाते हैं खुद को,
इसीलि़ए संभव है चलते रहना भी,
इसीलिए अपना गुस्सा हम पीते हैं
बात बात पर गुस्सा लेकिन क्यों आता,
क्यों हँसने का वक्त नहीं मिल पाता है,
क्यों मुस्कानें फीकी फीकी लगती हैं,
क्यों हर चेहरा एक मुखौटा बन जाता,

यहाँ ज़िंदगी चलती रोज बहानों से,
नये बहाने सब गढ़ते हैं रोज़ यहाँ,
खुद को खुद से धोखा देकर जीते हैं,
छलने-छलवाने में वक्त गुज़र जाता
वक्त गुज़रने को ही जीवन जान लिया,
यह तो समझौता करने की भी हद है,
पर समझौतों से परिभाषित है जीवन,
कदम कदम पर यहाँ पराजय मिलती है।

और अचानक किसी दुराहे पर आकर
अर्थ पराजय और विजय का खो जाता,
खो जाता है या फिर हमीं भूल जाते,
और पाल लेते हैं भरम अजाने में ?
कितने सारे भरम, सपन कितने सारे,
कितनी उठी अजान, भजन कितने सारे,
इक पल आता हमको भीम बना जाता
और दूसरे में खुद को चींटी लगते,
इतना सब होगा, गुस्सा तो आयेगा,
फिर भी इंतजार है किसी सबेरे का,
इसीलिए सब अपना पूरब ढूंढ़ रहे,
इसीलिए कुछ हो जाने का सपना है।
पर हम सबका गुस्सा, सबका अपना है।

झुके कंधों का रहस्य

छत तो कल भी यही थी
बहुत नीची हो गयी है आज,
मेरी दीवारों के कंधे किसने झुका दिये!
धूप तो कल भी फिसली थी इन दीवारों से,
आँगन में सायों के धब्बे ये कल भी थे,
धूप के सायों के कद कैसे बढ़ गये,
किसने बढ़ा दिये !
बादल के टुकड़े तो कल भी ये दिखते थे,
कल भी पर काँपे थे यादों के पंछी के,
पर ये जो बादल-से उमड़े अतीत के,
किसने बिखरा दिये !
सारा आकाश एक याद बन गया,
इस दीवार से उस दीवार तक
रंगों का झिलमिल-सा इंद्रधनुष तन गया !

आकाँक्षा

कोई तो रोको रे घड़ी को
कोई तो।

कैद तो मैं कर लेता इस पल को
पर मुझे चाहिए साँस लेता पल,
यही पल,
वो जो सूरज डूब रहा है न,
इसी तरह डूब रहा है न,
इसी तरह डूबता रहे,
पर खड़ा भी रहे,
वो जो बादल सूरज के माथे को छूकर
निकल रहा है,
इसी तरह छूता रहे माथे को सूरज के,
और सरकता भी रहे यूँ ही,
यूँ ही बहती रहे हवा
अहसास के बोझ से थकी थकी,
और यूँ ही बसी भी रहे अहसास में,
बहती रहे, थमी रहे,
और यह बर्फ सरोकारों की
पिघलती भी रहे, पर जमी रहे।

नीले आकाश में पाँखियों की पाँत वह
उड़ती रहे, उड़ती रहे ऐसे ही,

पर मेरी आँखों से ओझल न हो,
और यह बबूला-सा कविता का,
कभी भी, कभी भी बीता हुआ पल न हो,
रोको रे घड़ी को, कोई तो।

जिजीविषा

मैं यदि कहूँ कि जीना चाहता हूँ मैं
तो यह किसी श्रीकाँत वर्मा या
किसी उदयप्रकाश या फेफडों के
कैंसर से त्रस्त होने के बावजूद
किसी सुबह का सूरज देखकर
मुस्कराने की कोशिश करने वाले
मेरे बहनोई के कहे हुए की नकल नहीं होगी।

किसी का जीना चाहना
नकल हो भी नहीं सकता किसी की।
मौलिक होती है जीने की हर चाह।

जैसे हर फूल
जैसे हर किरण
जैसे हर सुबह
जैसे हर शाम
होती है मौलिक
वैसे ही मौलिक है
इसीलिए सार्थक भी
लालसा देखने की कल का सबेरा।
यह कल कभी हाथ नहीं आता है।
जब भी आता है, आज बन जाता है।
जो नहीं देखा है,

जो नहीं जाना है,
जो नहीं पाया है,
लालसा उसे देखने, जानने या पाने की
होती ही होगी
पर शायद और भी होता है कुछ
—बहुत कुछ—
पूरा का पूरा अतीत
पूरा इतिहास अपना और सपनों का
पारे-सी फिसल फिसल जाती
स्मृतियों को जीने का लोभ भी
कम नहीं होता है।
बहुत ही निजी है
यह रहस्य, यह अनुभव
डरते हैं हम
हमारा यह अपना रहस्यलोक
अपना खजाना यह
लुट जायेगा और जानेगा भी नहीं कोई
हममें से हर एक का
अपना खजाना है
जिसे सिर्फ हमने,
हमने ही जाना है,
इसी खजाने का मोह तो जीवन है।

यह सब, यही सब
घुटन-सा लगता जब,
घुटता है मन तब
आँखें तब दूर-दूर, दूर-दूर जाती हैं,
सागर की लहरों-सी
जाने किस दूरी से टकरा कर
लौट-लौट आती हैं,

चलती हुई गाड़ी से
पेड़ों को भागते देखने के
भ्रम-सी सचाई है
गाड़ी चलती है, पेड़ नहीं चलते हैं,
लेकिन हम भ्रम को सचाई मान
बार-बार अपने को छलते हैं।
जान बूझ अपने को छलना भी सुख ही है,
या शायद सुख की परिभाषा भी यही है।
बचपन में दादी खिलाती थी हींग
हलवे में डालकर,
दादी खिलाती थी हींग,
हम खाते थे हलवा,
हो जाता था पूरा उद्देश्य यूँ दोनों का,
ऐसा ही कुछ कुछ होता है अब भी
माँगता हूँ सुख मैं ढलते उजाले का
और वहीं चुपचाप रात उतर आती है,
फिर भी मैं सूरज के ढलने का आशिक हूँ,
इसीलिए चाहता हूँ
पंछियों की पाँत को
उड़ाता फिर देख लूं,
किरणों के हाथ से
बीता पल छीन लूं,
रात के अंधेरे से मुझको डराओ मत,
मुझको सुनाओ मत
धरती के भीतर के कम्पन की आहटें,
भूचाल आयेगा, आने दो,
सारी उथल-पुथल, सारा विध्वंस स्वीकार है,
हर नयी सभ्यता
हिसी हड़प्पा के खण्डहरों के पार है।
हर विध्वंस

किसी निर्माण के महल का प्रवेशद्वार है।
इसीलिए कहता हूँ मुझको डराओ मत,
जीने दो मुझे,
ज़िंदगी का यह पल कड़वा है, होने दो,
पी लूंगा मैं इसे, पीने दो मुझे
नीम का पेड़ यह
तुलसी का बिरवा है,
एक ही पत्ती से
सारा चरणामृत अर्थवान होगा,
पीने दो कड़वाहट,
कड़वाहट मधुरता को नया अर्थ देती है।
मुझको तो वही अर्थ
वही अर्थ जीना है,
मुझको तो टुकड़ों में बंटा आकाश यह
अपनी ही साँसों के धागों से सीना है,
जीने दो,
चाहता हूँ जीना मैं
जीने दो मुझे।

अपरिभाषित पल

एक चिमनी
और धुआँ
और यह आकाश!
खो गया जो
याद करने का कहाँ अवकाश?

एक धारा, दो किनारे
और बहता जल
जो न परिभाषित हुआ
वह एक बीता पल,
और पल के उस समंदर में
बहा अहसास
तब लगा, बहना कठिन है
तैरना आसान!
बहते-बहते तैरने की यह विवशता
भी परीक्षा है सभी उपलब्धियों-सम्भावनाओं
के गणित की स्वयं द्वारा,
बहुत मुश्किल है स्वयं को नापना!

कौन सा कल था जो कल बीता
कौन-सा कल आयेग आगे ?
और वह क्या था जो देखा था...
देख करके बेतरह भागे?

थक रहे हैं अब समझ के पाँव
दूर होता जा रहा है गाँव,
आओ थोड़ी देर थम जायें,
बहुत पीछे रह गया है अथ
और इति का पल अनिश्चित है,
आओ थोड़ी देर बैठें
आओ थोड़ी देर सुस्ताएँ
समय की इस शिला पर,
यह हिमालय है, शिला का कद न नापो,
आओ, बस देखो यहाँ से
किस तरह बहता समंदर
किस तरह आकाश झुकता,
किस तरह विस्तार कम होता क्षितिज का,
दृष्टि कैसे सिमटती है
पास आती समझ की परछाइयों में!

आधी सदी का फासला

इंतजार हुसैन दिये चुराता था,
बच्चा था तब वह,
बड़ोस के रामलुभाया के घर की छत
और इंतजार हुसैन की छत के बीच
सिर्फ एक कदम की दूरी थी,
रोज लाँघा करता था वह यह दूरी,
दीपावली की रात को भी,
और दो-चार दिये चुरा लाता था,
रोशनी चुरा लाता था अपने घर
और अमावस्या की रात में उसका घर भी,
नहीं, घर नहीं, घर का एक कोना
रोशन हो जाता था।
बहुत पुरानी हो चुकी यह बात,
रोशनी चुराने और रोशनी चुराने की यादों में
खो जाने के बीच एक लम्बा अंतराल है—बरसों का।
पर ये यादें उसे रोशनी के टापुओं में ले जाती हैं।
बड़ा हो गया है अब इंतजार हुसैन,
दिये नहीं चुराता अब, रोशनी भी नहीं,
पर यादों के टापू, रोशनी के टापू...

लेकिन आज मैं इंतजार हुसैन की बात क्यों कर रहा हूँ?

प्रमथ्यु ने भी चुरायी थी रोशनी

और फिर गिद्ध से नुचवाया था अपनी छाती को,
बार-बार, बार-बार, लगातार...
दर्द हुआ तो होगा,
पर आग या रोशनी चुराने की कहानी में
दर्द का जिक्र कहीं नहीं आता है,
सच तो यह है, रोशनी चुराने वाला,
दर्द नहीं जीता है, रोशनी को जीता है।
हम क्यों नहीं जी पाते रोशनी को?
नहीं, सवाल यह होना चाहिए,
हम क्यों नहीं चुरा पाते रोशनी को?

एक बात बताना तो मैं भूल ही गया,
इंतजार हुसैन जब दीये चुराता था,
रोशनी को अपने घर लाता था,
रामलुभाया नाराज नहीं होता था,
जानता था, इंतजार हर दीवाली का
इंतजार करता है दीये चुराने के लिए
और रामलुभाया हर दीवाली पर,
दो-चार दिये इंतजार हुसैन की छत के पास
सरका आया करता था।
दीये सरकाने और दीये चुराने की यह बात
आधी सदी पुरानी हो चुकी,
और आधी सदी पुरानी जितना चौड़ा हो गया है,
इंतजार हुसैन और रामलुभाया की छतों के बीच का फासला भी।
रोशनी अंधेरा नहीं, अंधेरे का डर मिटाती है,
अब तो अंधेरे नहीं, अंधेरों के डर मिटाने की जरूरत है,
एक नहीं ढेर सारे दियों को चुराने की जरूरत है,
आओ हम भी दिया चुरायें,
लाँघ लें दो छतों के बीच का फासला,
मेरे और तुम्हारे घर की छतों के बीच जो फासला है,

आओ उसे लाँघें,
रोशनी की चोरी, चोरी नहीं होती है,
आओ, रोशनी चुरायें,
चलों, मैं इंतजार हुसैन बनता हूँ,
तुम रामलुभाया बन जाओ,
वो दिया जरा इधर सरकाओ,
मेरे घर का कोना भी रोशन हो जायेगा।
यादों के टापुओं में जीना नहीं चाहता हूँ,
फिर भी न जाने क्यों चाहता हूँ यादों को साकार करना,
चाहता हूँ यादों को बाँहों में भरना,
यादें दिया चुराने की,
यादें रोशनी लाने की,
यादें, अपने खुश होने की...

क्या कहा, कोई नहीं था इंतजार हुसैन,
कोई नहीं था रामलुभाया?
तो फिर यह किस्सा मुझे क्यों याद आया?
चलो मान लिया, शायद सच कहते हो तुम,
पर रोशनी में जीने की मेरी इच्छा भी तो झूठ नहीं है,
इसलिए दोस्त, अपनी छत का वह दिया जरा इधर सरका दो,
रोशनी जब बंटती है, कम नहीं होती है,
फैल-फैल जाती है।
तुम भी करो कोशिश एक दिया चुराने की।
मैं भी करता हूँ- आओ हम रोशनी को बाँट लें।

युद्ध विराम

जरूरी नहीं
हर युद्ध-विराम का अर्थ
कागज पर लिखा हुआ समझौता हो
और उस पर हस्ताक्षर हों दोनों के—मेरे और तुम्हारे।
यूँ भी हो जाता है अंत में
बिना लड़ी लड़ाइयों का-बस यूँ ही। कभी कभी।
यह भी जरूरी नहीं, कतई,
अंत हो ही जाये ऐसी लड़ाइयों का
अक्सर ये बिना लड़ी लड़ाइयाँ होती हैं अंतहीन
अनवरत चलता है एक संघर्ष
अभी अपने भीतर, कभी मेरे और तुम्हारे या उसके बीच,
और यह कभी खत्म न होने वाला सिलसिला
ठहर जाता है उस विमान की तरह
जो बहुत ऊपर पहुँच कर
चलते हुए भी लगता है, न चलता हुआ
ठहरा-सा-कभी-कभी
खत्म होती यात्रा
खत्म न होती हुई सी लगती है, कभी कभी।
कभी कभी युद्ध-विराम यूँ भी हो जाता है।

स्ट्रेस टैस्ट

दौड़ता तो मैं रहा हूँ
पर उसी मशीन पर
जिसमें मेरी रफ्तार तो दर्ज होती है
पर फासला नहीं, जो मैं पार करता हूँ।

और मेरी रफ्तार बढ़ती जा रही है लगातार
और तय किया फासला कम होता जा रहा है लगातार

कभी तुम्हारे साथ भी हुआ है ऐसा
कि चल रही हो घड़ी और सुइयाँ रुकी रहें?
थम जाता है वक्त तब,
भले ही वक्त थम जाने का मुहावरा
लागू न होता हो यहाँ।
न होता हो लागू
पर वक्त थम जाने का यह अहसास
बहुत दूर भीतर तक खालीपन भर जाता है,
रोलर कोस्टर पर नीचे आते हैं जब
याद है, कैसा लगता है तब,
वैसा ही डर
घेर लेता है तब
जब दौड़ता तो हूँ मैं
पर फासला तय नहीं होता।

बहरहाल, मेरा यह दौड़ना तेरा भी है, उसका भी,
मेरा यह सच
दिगम्बर बनाता जा रहा है मेरे वक्त को लगातार,
भरी सभा में मेरा वक्त नंगा हो रहा है,
चीर हरण कर रहा है कोई,
और हम पाण्डु-पुत्र बेबस हैं,
मैंने ही दाँव पर लगाया था वक्त को,
किससे शिकायत हो, गिला हो किसका अब,
और अपने आपको देखने का, मापने का,
माद्दा नहीं रहा,
यह फिर लगता ही नहीं हमें,
करना है यह भी।
यह भी नहीं, यह ही, करना जरूरी है,
जरूरी है दर्पण में झाँकना,
जरूरी है उस हिमालय की ऊंचाई को आँकना,
जो कि परदा बन तना है,
मेरे और मेरे होने के अर्थ के बीच,
कब हटेगा यह परदा?
कब मैं चलूंगा और फासला भी तय होगा ?

कुछ होने से पहले का पल

चिंदिया बादलों की
जहाँ है
न, वहीं हैं
उदास खड़ा है पीपल न जाने कब से
दीखी नहीं पंखियों की पांत बहुत देर हुई
चुपचुप हैं लोगबाग मेरे आस-पास
अपने अपने शून्यों को निहार रही हैं आँखें
अकेला खड़ा उड़ा रहा था वह बच्चा पतंग
जान कटी डोर कैसे
पतंग अब आकाश में है और नहीं भी।

भारी हैं हवा के पांव—शायद।

अर्थवान पल

जितना जो कुछ बचा सहेजो,
खोते-खोत तो सब कुछ ही / खो जायेगा।
रिश्तों की गर्मी के
पल, दो पल भी अर्थवान होते हैं,
ये पल, दो पल, दे जाते अस्तित्व आस को,
इन्हें संभालों, इन्हें सहेजो, / इनका स्पर्श
घृणा की कालिख धो जायेगा।

अंधियारे का होना ही उजास का सच है,
न होना ही अर्थ दिया करता होने को,
जो जितना रीता, उतना ही भरा हुआ था,
कुछ है जिसके पास
उसी के पास हुआ करता है
थोड़ा कुछ होने को,
तो खोने से क्यों मन डूबे,
कुछ बोने से क्यों मन ऊबे,
आओ, फसल बोयें सपनों की, मुस्कानों की,
दिल मत छोटा करो
प्यास का आँचल बहुत बड़ा होता है।
सिर्फ प्यास का आँचल बहुत बड़ा होता है।
सिर्फ प्यास, अहसास तृप्ति का हो जाएगा।
खोते खोते सब कुछ ही खो जायेगा
जितना जो कुछ बचा सहेजा।

टुकड़ा टुकड़ा सच

टुकड़े टुकड़े सच को
आकार देने की कोशिश से
बनता है आदमी, इंद्रधनुष, सबेरा और सूरज,
पर इससे पहले
टुकड़ों में बंटे सच को
समझने की कोशिश ज़रूरी है,
और उससे भी पहले
इस ज़रूरत को समझने की समझ की!

सड़क के किनारे वाली वो पहाड़ी
कल शायद पहाड़ थी,
सड़क नहीं थी तब
सड़क बनाने की ज़रूरत ने
पहाड़ को पहाड़ी बना दिया
और फिर खण्ड-खण्ड होते पहाड़ की दरकती मिट्टी से
झांकने लगीं पेड़ की जड़ें
नंगा होता गया जनमने का रहस्य,
और पेड़ कमज़ोर होता रहा... रोता रहा।
किसी ने नहीं सुनी पेड़ के रोने की आवाज़,
रोने की आवाज़ कोई नहीं सुनता है,
सुनने का मतलब समझना जो होता है,
कोई नहीं चाहता समझना किसी के रोने को,
एक टुकड़ा सच यह है,

और इसी सच का दूसरा टुकड़ा है
वह अंधेरा जो हर शाम पसरने लगता है
मेरे आँगन में
गहरा होता जाता है लगातार,
तब मेरा दायाँ हाथ बायें हाथ को देख नहीं पाता है,
बंट जाता हूँ मैं टुकड़ों में।
चट्टानों के बीच से चलता है रास्ता।
या फिर चट्टानों को फोड़कर उमड़ता है झरना,
रास्ते का चलना,
झरने का उमड़ना,
एक टुकड़ा सच यह भी है।

कितने सारे टुकड़े सच के
सच के इतने सारे टुकड़े,
इन सबको आकार चाहिए,
नभ जितना विस्तार चाहिए,
और मुझे चाहिए
इस सारे विस्तार को
बांहों में समेटने का अवसर- और सामर्थ्य भी!
एक पूरे सच को बांहों में समेटने की ताकत,
ताकि मैं टुकड़े-टुकड़े सच को
आकार देने की कोशिश कर सकूं,
जैसी कोशिश कुंभार करता है
मिट्टी के लोंदे को चाक पर रखकर,
या फिर लुहार जो भट्टी में डालकर लोहे को
लाल करता है और फिर पीटता है।
ऐसे ही नहीं उभरता है कोई आकार!

अरविदार्ची

नीचे नीला जल, ऊपर नीला अम्बर,
और बीच में धुनी रूई के फोहे से,
ऐसे में बिन पंखों पंछी-सा उड़ना,
भटक भटक कर खुद का खुद से फिर जुड़ना।

छूट गया पीछे सदियों का कल
जैसे झर जाए अंजुरी से गंगाजल,
पीछे छूट गयी नदियाँ
पीछ छूट गये सागर
छूट गया इतिहास पराजय का, जय का,
कल तो साथ-साथ था मेरे रोमूलस
कल ही तो था मिला माइकिल एँजेलो
फब्वारों से, बुर्जों से, प्राचीरों से,
कल ही मैंने सुना कि जीवन एक कला।

आशाओं-अभिलाषाओं के कंगूरे
विश्वासों के शिखर, पताका पौरुष की,
कल सबको देखा था नंगी आँखों से।
और वहीं पर धूलि-धूसरित देखा था,
खण्डहर-खण्डहर होता सत्ता का सीजर।

सच, अनुभव होता है जीना बीता कल,
यह बीता कल मेरा और तुम्हारा था,

रचा गया जो कभी रोम की धरती पर,
वह इतिहास आदमी का था,
वह इतिहास हमारा था।

करुणा सबकी, ममता सबकी,
पशुता-घृणा सभी-की है,
सबके हिस्से में आती है विजय-पराजय की बारी,
जितना ऊंचा शिखर प्राप्ति का,
उतना ऊंचा शिखर अहं का,
उतनी ही नीची घाटी है उस यथार्थ की
जो इतिहास पढ़ाते हमको,
सब कुछ होने, सब कुछ खोने
का मलतब समझाते हमको।
फिर भी कुछ है
बीते कल के कंगूरों में,
खण्डहरों में, प्राचीरों में,
लौट लौट कर जाते हैं हम उसको जीने।
क्या है वह, कुछ पता नहीं,
पर चुम्बक है जो खींचा करता
वर्तमान को पीछे-पीछे,
जाने क्यों अच्छा लगता है,
उस बीते कल में खो जाना
जाने क्यों अच्छा लगता है
उस बीते कल का हो जाना।

जाने क्यों उस झरने में
सिक्का छोड़ चला आया था,
कहते हैं, जो ऐसा करता
वह फिर आता उसी जगह पर।

पर क्यों आता ? रोम देखने ?

अनजाने में हम सब जीते हैं अपना इतिहास पुराना,
झरना उस जीने की आशा,
बीते कल को फिर फिर जीने,
अमृत पीने की अभिलाषा
इस आशा को अभिलाषा को,
लिए साथ में लौट रहा मैं
अरविदार्ची...
फिर मिलंगे, ओ मेरे इतिहास,

(रोम से लौटते हुए)

दंगों के बाद

झण्डों का रंग हमें याद रहता है
खून का रंग हम भूल गये हैं!

जाने यह कैसी बीमारी है
जब-तब
शरीर के किसी अंग में
कोई फोड़ा फूट आता है,
आस-पास ज़हरीला हो उठता है।
जाने यह कैसा वहशीपन है
जब-तब
मेरे और तुम्हारे बीच
अविश्वास और आशंका के बीज बो जाता है,
और फिर
जो नहीं होना चाहिए, हो जाता है!
जाने यह कैसी नफरत है
जब-तब
मेरे और तुम्हारे घर के बीच
आग का दरिया बहा जाती है,
तुम्हें भुला देती है कि तुम आदमी हो
मुझे मेरे आदिम होने की याद दिला जाती है,
जाने यह कैसी दूरी है
जब-तब
अलगाव के तम्बू तान देती है

हैवानियत की फसल उगाने वाली
यह कौन-सी खेती है ?

कैसे भूल जाता हूँ मैं
कि मेरी और तुम्हारी किलकारियों से
कभी कोई आँगन महका था,
कैसे भूल जाते हो तुम
कि तुम्हारी और मेरी मुस्कान से
कभी कोई मौसम चहका था,
कैसे भूल जाता हूँ मैं सिवैंयों का स्वाद,
और कैसे याद नहीं रहते तुम्हें खील-बताशे?
नहीं-भूलता कुछ भी नहीं,
याद सब रहता है,
हम सिर्फ याद न रहने
और भूल जाने का ढोंग रचते हैं,
जब हम खून का रंग भूल कर
झण्डों का रंग याद रखते हैं
तो ऐसा हर पल
हम जानवर होकर जीते हैं,
अपने आप से डरते हैं
अपने आपसे बचते हैं,
दोस्त,
डब्ल्यू. एच. आडिन एक शायर था,
उसने कहा था
अगर हम एक-दूसरे से प्यार नहीं करेंगे
तो मर जायेंगे,
मैं आडिन की इस बात को दुहराना चाहता हूँ
ज़रा खुद को टटोलो
शायद तुम भी दुहराना चाहो !

अपने अपने शून्य

अपने-अपने शून्यों की पताकाओं को
एक-दूसरे से ऊंचा दिखाने की कोशिश में
पंजों पर उछल-उछल कर
कितना बौना बना लिया है
हमने अपने आपको?
पताकाएँ तो लंबे बांसों से भी
ऊंची हो सकती थीं
पर हमने अपने अपने
अहं के टीलों को
हिमालय समझने-बनाने का भ्रम पाला,
अपनी-अपनी नज़र के क्षितिजों को
समझ का सीमांत मान लिया और
अपने बनाये दायरों को सृष्टि का विस्तार

सच बताना, तुम्हें नहीं लगता
सब कुछ पाने की होड़ में
हम सब कुछ खोते जा रहे हैं ?

अभियुक्त

नहीं, मैं नहीं
तुम हो अभियुक्त!

आज पूछ ही रहे हो तो बता रहा हूँ
तुमने मेरे हाथों को मशीन बना दिया है,
नहीं, बनाया नहीं, समझा है,
नहीं, समझा नहीं, समझना चाहा है—
और इस प्रक्रिया में
मैं भी अपने हाथों का
अस्तित्व भूल गया,
मैं भूल गया, मेरी भी अपनी आँखें हैं,
मैं भूल गया, सोचने-समझने का माद्दा
मुझमें भी है,
मैंने अपने हाथों को तुम्हारी आँखों से देखा,
मैंने अपने सामर्थ्य को तुम्हारी समझ से कूता,
मेरा कुछ अपराध है तो सिर्फ इतना ही
शेष सब तुम्हारा है।
हाँ, तुम्हारा,
क्योंकि समय ने, स्थितियों ने
तुम्हारे हाथों में सौंप दी थी मेरी बागडोर
और मैंने भी मान लिया
तुम सामर्थ्यवान हो,
शायद विवेक भी होगा तुम्हारे पास,

पर तुमने मुझे कोल्हू का बैल बना दिया,
मेरी आँखों पर पट्टी बांधकर
एक निश्चत घेरे में मुझको चलाने लगे,
मैंने समझा मैं चल रहा हूँ
और तेल तुम्हारा पिरता रहा।
निरंतर कोशिश रही तुम्हारी
चलने का आहसास मुझे होता रहे
चाहते यही रहे तुम
कोल्हू का बोझ बैल ढोता रहे।

तुमने मुझे मेरे छोटे होने का अहसास कराया
और फिर
मेरे तथाकथित बौनेपन का लाभ उठाया
लघुता से उबरने की मेरी हर कोशिश को
नाकामयाब करने की
साजिश तुम्हारी थी,
तुमने मेरे आकाश को
खिड़की की चौखट में कैद किया,
तुमने मेरी ज़मीन को
अभावों की रेखाओं में बांध दिया,
मेरी विवशताएँ तुम्हारी सुविधा बनीं,
सुविधाभोगी तुम हो, मैं नहीं,
रोगी तुम हो, मैं नहीं,
दंड यदि मिलता है तो तुम भोगो
यही है उपयुक्त
मैं नहीं—तुम हो अभियुक्त।

षड़यंत्र

जो भी हो तुम
अजनबी नहीं हो तुम
आदमी हो तुम भी!

सिलसिला पहचान का तुमसे
शुरू उस दिन हुआ था,
जब हुए थे तुम
हुआ था मैं,
और जब तक
समझ का, अहसास का
सागर न रीते,
या हिमालय
सांस का जब तक गलेगा
दोस्त मेरे,
सिलसिला पहचान तब तक चलेगा
ये धरातल
जो तुम्हारे और मेरे बीच की दूरी बने हैं,
और जो अलगाव के तम्बू तने हैं,
एक भ्रम हैं
इन भ्रमों के दायरे से निकलना होगा
अन्यथा दीवार ऊंची, और ऊंची जायेगी,
सांस की आवाज ही घुट जायेगी।

दोस्त, मेरे बाप के बाप के बाप ने
शायद कोई पुण्य किया होगा,
शायद कोई एक पल,
आदमी होने के अहसास का जिया होगा,
तब शायद तुम्हारे पुरखों ने भी,
आदमी होने का परिचय दिया होगा,
मेरे बाप के बाप के बाप को
कंधों पर लिया होगा,
उसी का यह फल है
मेरा नाम विश्वनाथ है
और तुम्हें लोग कलुआ कहते हैं—
उसी का यह फल है
तुम्हारे कंधों पर बैठा हुआ मैं,
तुम्हारे पैरों से चलता हुआ मैं,
तुम्हारी आँखों से देखता हुआ मैं,
तुम्हारी सांसों से जीता हुआ मैं
कर्मठ कहलाता हूँ,

और तुम्हें लोग ढलुआ कहते हैं।

लोग नहीं जानते
मेरे बाप के बाप के बाप ने कोई पुण्य किया था,
लोग नहीं मानते
तुम्हारे पुरखों ने भी पुण्य का कोई क्षण जिया था,
जानने और मानने का यही समीकरण
एक षड़यंत्र था,
तुम्हारे खिलाफ, मेरे खिलाफ, आदमी के खिलाफ,

आज यह षड़यंत्र का पर्दा उठ रहा है दोस्त,
इसीलिए षड़यंत्र में शामिल सब

बौखलाये हुए हैं!

वक्त इस बौखलाहट को समझेगा,
वक्त इस षड़यंत्र की सजा देगा!

इतिहास किसी को माफ नहीं करता है,
किसी को नहीं!

शब्दातीत

जब शब्द नहीं मिलते हैं,
भाव तब,
पिंजरे में बंद किसी पंछी-से
पंख फड़फड़ाते हैं
टकराते पिंजरे की सींको से बार-बार
और जब विचारों के तर्क नहीं मिलते हैं
पगलाई लहरों से,
उठते हैं, गिरते हैं,
एक शोर उठता निरर्थक-सा,
और एक सन्नाटा घिर आता,
और एक चुप्पी...
जैसे,
पहाड़ी चट्टानों से टकराती
उछलती-कूदती
गिरती-पड़ती
कोई नदी, समलत मैदान में आकर पसर गई!
मुझको तो यह अनुभव
बार-बार हुआ है
बार-बार मुझको एक पीड़ा ने छुआ है,
पीड़ा, शब्द नहीं मिलने की!

यूँ तो हर पीड़ा गहरी है,
कांच टूटने की भी

दिल टूटने की भी
पर जब शब्द खो जाते हैं,
पराये हो जाते हैं,
बार-बार टेरो, पर पास नहीं आते हैं
बहुत दर्द होता है!

यह दर्द आँसू नहीं लाता है,
यह दर्द सिर नहीं धुनता है,
शब्द अगर मिल जाते
तुमको बतलाता मैं
शब्द नहीं मिलने का दर्द क्या होता है!

नहीं, शब्द ब्रह्म नहीं हैं,
होगा, तो पता नहीं,
सिर्फ यही पता है
भावों को जब-जब भी शब्द नहीं मिला है,
तब तब मैंने अपने आपको छला है!

थक चुका हूँ मैं अपने आप को छलते!

काला सूरज

जब भी कोई शिखर ढहा है,
मेरे भीतर किसी नींव का
कोई पत्थर दरक गया है।

दिल टूटे, या पत्थर दरके
बहुत बहुत पीड़ा होती है,
शोर नहीं होता है, लेकिन
मन हिचकी भर-भर रोता है,
रीत गये का
बीत गये का
नतमस्तक अहसास
बहुत कड़वा होता है।

सतरंगी सपनों की स्मृतियाँ,
उंगली पकड़ चलाने वाले
सबके सब अपनों की स्मृतियाँ,
बस स्मृतियों का साथ शेष है,
बीत चुकी, वह बात शेष है,
शेष सभी कुछ फिसल गया है,
ज्यों हाथों से रेत फिसलती।

अभी हथेली भरी हुई थी
रीत गयी अब,

कण-कण फिसला, फिसला क्षण-क्षण,
सम्बन्धों का तार टूटते एक-एक कर,
बिना सहारे खड़ा हुआ हूँ बीच बजरिया
ऐसे लगा कि जैसे मेरे भीतर एक हिमालय पिघला
कोई काला सूरज उग आया है मेरे आकाशों में,

जब-जब माथे को सहलाती छांव हटी है,
लगा कि जैसे युग-युग चलते पांव रुक गये,
लगा कि जैसे ध्रुवतारा ही नहीं रहा है।

कोई पत्थर दरक गया है
मेरे भीतर किसी नींव का,
जब भी कोई शिखर ढहा है,
जब भी कोई शिखर ढहा है।

पूरा चांद ताल में

कल मैंने चांद देखा था
पूरा चांद
शांत ठहरे हुए ताल के पानी में,
आकाश की सारी रोशनी
ताल में उतर आयी थी,
दूधिया लगने लगा था जल,
या फिर जैसे
कुहरे की एक भीनी-सी परत
पसर-सी गयी थी
ताल वाले चांद के चेहरे पर।

झीना-सा अवगुंठन रहस्य नहीं होता है।

फिर मैंने
एक पत्थर फेंक दिया
धीमे से
ताल में,
कांपा था जल
सिहर सिहर गयी चांदनी,
और चांद....
टुकड़ों में बंट गया चांद का चेहरा।
पूरा चांद बन गया बीती हुई बात,
कुहरे की झीनी परत तार-तार हो गयी,

दूधिया चांदनी जाने कहाँ खो गयी।

और मैंने निर्णय लिया....
अच्छा नहीं होता है
ठहरे हुए जल में
कोई पत्थर मारना।

तीन घर ऊपर, दो घर नीचे

कोई पल आता है
किनारे जोड़ जाता है,
कोई पल आता है
दीवारें तोड़ जाता है
कोई पल आता है
इतिहास छोड़ जाता है।
जोड़ते-तोड़ते-छोड़ते पलों से,
बुनती है ज़िन्दगी
सांसों का स्वेटर
स्वेटर जो मीठी मीठी ठण्ड को
मीठी मीठी गुनगुनाती तपिश में बदलकर
फुल खिलाता है,
मंद मंद मुस्काता है।

इस बार नवम्बर में तुम भी स्वेटर बुनना
तीन घर ऊपर, दो घर नीचे, और दो खाली....
अच्छा बनेगा डिजाइन
भर जाएगा खालीपन सोच के सीमांतों का
ऐसा ही भरापन
सदियों के बने हुए
घिसे-पिटे रास्ते मोड़ जाता है।

दंगों का सच

सुन मेरे भीतर के मैं
दंगों में राघव नहीं मरा था,
रहमत भी नहीं, / तू मरा था!

हाथ जो कटे थे शौकत अली के
वे तेरे थे,
पैर जो कटे थे सुबास के, तेरे थे,
लूला-लंगड़ा तू हुआ है मेरे भीतर के मैं,
शौकत और सुबास नहीं।

और जो वहशी बना था आदम का बेटा
वह भी तू ही था!
तूने ही खुद को लंगड़ा बनाया था,
तूने ही खुद को लूला बनाया था,
अपने ही हाथों से
अपने पर छुरा तुने चलाया था,
मार दिया अपने को
मार दिया सपने को
तूने ही मार दिया अपने सबेरे को,
पोत दिया कालिख से
अपने ही चेहरे को,
कालिख यह बहुत दूर साथ साथ जायेगी,
जब जब तू सोचेगा आदम का जाया तू
तेरे ज़मीर को यह कालिख रुलायेगी।

आदि-मानव

कहाँ से कहाँ पहुँच गये हैं हम,
अटपटा-सा लगता है यह सवाल अब
लगता है जैसे अपने आप को छलने की
एक अव्यक्त कोशिश है यह,
हकीकत तो यह है
(कि) हम कहीं नहीं पहुँचे हैं।

पहुँचे नहीं हैं कहीं भी हम,
वहीं हैं, जहाँ से चलने का भरम पाला
था हमने।

अभिमन्यु

बनी-बनायी राह नहीं होती जीवन की
अपनी राह बनानी होती
अपने लक्ष्य बेधने होते!

चक्रव्यूह तो बेध दिया था अभिमन्यु ने
किन्तु निकलकर नहीं आ सका,
भेद नहीं पाया अभिमन्यु
कुटिल-जटिलताओं का घेरा!
चाहें तो हम दोष पार्थ को दे सकते हैं,
नहीं दिया था उसने पूरा ज्ञान पुत्र को
या फिर दोष सुभद्रा का था
सुनते-सुनते ज्ञान सो गयी,
किन्तु गलत है दोषारोपण
कड़वा है, पर यह यथार्थ है...
अभिमन्यु ही विफल रहा था!

किन्तु विफलता हार नहीं होती जीवन की,
यह पड़ाव है अगली जय का

जय अर्थात पराजय के भय का हत होना,
जय अर्थात राह को पाना
लक्ष्य मिलेगा, यह विश्वास स्वयं में लाना।

कीकली

तुमने कभी आँगन में खेली है कीकली?
एक का बायां हाथ / दूसरे का दायां हाथ
एक का दाया हाथ / दूसरे का बायां हाथ
और फिर चक्कर
चक्कर पे चक्कर
कीकली कलेर दी....

और फिर थके पांव
और फिर रुके पांव

फिर आँगन घूमता है
घूमता आकाश है फिर
और फिर खिलखिलाहट...

जन्म से मृत्यु तक
चक्कर है पावों में
कोई यार मिल जाये
बायां हाथ-दायां हाथ, बायां हाथ, बायां हाथ

आँगन का घूमना सार्थक हो जाये,
बरना तो तरस-तरस जाते हैं,
दिन नहीं आते हैं
खेलने के कीकली!

यथार्थ

सीढ़ियाँ चढ़ना
या सीढ़ियाँ उतरना
भिन्न अर्थ है।

होगा यह।

मैं तो बस जानता हूँ
बदल दो दिशाओं के नाम
बदल जाएगा अर्थ चढ़ने-उतरने का।

यही हो रहा है,
हो रहा है यही
मेरे आस-पास
तुम्हारे आस-पास भी।

पीढ़ी-दर-पीढ़ी

इतने बड़े पेड़ का
इतना घना साया / छूट गया पीछे कहीं,
रूठ गया जैसे अतीत
जैसे कोई आशीर्वाद छीन ले गया कोई
फिसल गयी हाथों से जैसे कोई दुआ,
इतना कुछ हो गया,
फिर भी कुछ दरका नहीं,
टूटा नहीं कहीं कुछ,
नदिया बहती रही,
सूरज निकला, डूबा भी,
डूबता-उगता रहा हर रोज़,
बहती रही हवा,
दूध वाला आज भी दूध देने आया था,
सब्ज़ी वाला दे गया सब्ज़ी,
चूल्हा वैसे ही जला, जैसे कल जला था,
जलता था जैसे पहले।

नम हुई थी आँखें जब आशीर्वाद छिना था,
डूब-सा गया था भीतर कुछ, गहरे में,
फिर भी, कहीं कुछ बदलता नहीं क्यों ?
जैसा-जैसा हुआ था, वैसा ही होता है।
दादा ने कहा था, दुहराया था पिता ने
और आज मैं भी यही कर रहा हूँ!

तूफान

आकाश है
बादल है,
और है तेज़ हवा,

एक अकेला पंछी
पंख फड़फड़ा रहा है।

एक अहसास का नाम

अंधड़ में पतंग उड़ाना
घटना नहीं अहसास हुआ करता है,
और इस अहसास को जीने का मतलब है
बार-बार अंधड़ में पतंग उड़ाना।

कोई ज़रूरी नहीं कि अंधड़ में पतंग उड़े,
अंधड़ के अस्तित्व का स्वीकार
और पतंग उड़ाना बार-बार
ये दोनों मिलकर जिस अहसास को अर्थ देते हैं
वह फर्क नहीं करता है
कोशिश और लक्ष्य को पाने में।

मैंने चीनी का कण लिये
चींटी को दीवार पर चढ़ते हुए देखा है,
चीनी के कण को बार-बार छूटते,
कण के लिए बार-बार चींटी को लौटते देखा है मैंने,
जब-जब भी देखा है, देखता रहा हूँ,
देखता रहा हूँ साकार कोशिश को,
जीने की एक नन्हीं परिभाषा को।
यह जो कोशिश है न,
इसी को कहते हैं अंधड़ में पतंग उड़ाना।

मुखर मौन

मौन जब मुखर होता है
तो सिर्फ बोलता नहीं... गूंजता है
किसी वीरान ऐतिहासिक इमारत में शोर की तरह,
ध्वनियों-प्रतिध्वनियों का रेला-सा उठता है
भारी हो जाते हैं हवा के पांव
संभावनाओं का एक आकाश झुक आता है
रंगीन हो उठता है आकांक्षाओं का क्षितिज
आशाओं के फूल झरने लगते महुए-तले!
कालीन बिछ जाता है
आगत के स्वागत में,
मौन जब मुखर होता है।

सर पटकती हैं जब गर्म लोहे पर सांसें
आकार बदल जाता है,
छितरा जाता है वर्तमान का चेहरा
और तब
सौ-सौ चेहरों में झांकने लगता है भविष्य
बज उठती है घंटियाँ मंदिरों की
मौन जब मुखर होता है।

मौन एक स्थिति है
मौन एक विवशता है
मौन एक तलाश है,

स्थिति जो बदलनी है
विवशता, जो मिटनी है,
तलाश, जो खत्म होती है!

मेरे मौन को बांझ मत समझो ऐ दोस्त,
संकल्पों से इसकी झोली भरी है।

अपना अपना सच

मैंने दीवार पर सर फोड़ा था,
सोचा था दीवार टूट जायेगी,
टूटेगी नहीं तो दरकेगी ज़रूर,
पर कुछ नहीं हुआ इन दोनों में से
दीवार न टूटी, न दरकी,
मेरा सर जरूर फूट गया
लहू के दाग दीवार पर भी लगे
पर लहू बहा तो मेरा ही था।

हाँ, मेरा ही बहा था लहू,
पर इसके लिए
जिम्मेदार भी खुद हूँ मैं,
मैं खुद!

अपने सही होने को गुमान क्यों होता है हमें,
क्यों हमें लगता है हम ही सही हैं?
कितनी-कितनी मर्यादओं को तोड़ देते हैं हम
तुष्टि के लिए अपने अहं की;
पर ऐसी हर कोशिश
बौना बना जाती है हमें... अपनी ही दृष्टि में
फिर चाहे बौनेपन का अहसास हमें हो या नहीं।

आकाश उस बादल जितना ऊंचा है
मिथ्या नहीं है यह तर्क दृष्टि का,
दृष्टि का यह तर्क सही है,
तर्क सही होना ही सच नहीं होता पर,
गिलास आधा खली है, यह आधा सच है।

अपने अपने आधे सच की बैसाखियों पर
खड़े हैं हम सब,
बाकी का आधा सच हमें स्वीकार नहीं,
धृतराष्ट्र नहीं हैं हम,
हम सब गाँधारी हैं,
हमने खुद बांधी है अपनी आँखों पर पट्टी,
ताकि किसी लाक्षागृह की आग,
किसी द्रोपदी का चीर-हरण,
दिखे नहीं हमें।
और हम मान लें
हुआ ही नहीं यह,
होता ही नहीं यह!
पर गाँधारी का सच
हमारा सच नहीं हो सकता,
नहीं हो सकता हमारा सच,
शापित हैं हम
अपने अपने सच को
खुली आँखों से देखने को।

मुझे इस सच से डर लगने लगा है।

मेरा बेटा मुझसे डरता है,
मेरा बेटा समझदार हो गया है,
बच्चा नहीं रहा अब!

जंगल

ज्यादा जगह घेरती है आदमी से कुर्सी
इसीलिए, शायद, बड़ी कहलाती है, आदमी से कुर्सी,
पूरा जंगल कटता है, एक कुर्सी बनती है,
इसीलिए कुर्सी पर बैठे हुए आदमी में
उगने लगता है जंगल,
कटता नहीं है यह जंगल,
फैलता ही जाता है भीतर ही भीतर,
और फिर आदमी
कुर्सी बन जाने की कोशिश में जुटता है
जुटा ही रहता है...

चरण के चित्रों को देखकर

कल, जो बीत गया, वो मेरा अपना है,
आने वाले कल तक साथ चलेगा वो,
कल, जो बीत गया, धुंधला-धुंधला-सा है,
बहुत दूर तक फिर भी रोज़ छलेगा वो।

किंतु छला जाना अपनों के हाथों से
कभी कभी मीठा-मीठा सा लगता है,
लगता, जैसे ढलती किरणों ने आकर
हौले-से थपथपा दिया है गालों को
या फिर कोई हाथ कहीं से आकर के
धीमे-से सहला जाता है बालों को।
मंदिर के बंद किवाडों तक पहुँचाकर ज्यों
कोई हवा चली जाती है हौले से
वैसे ही उगता चांद नयी उम्मीदों का
सरकाकर जर्जर होते-से दरवाजों को,
इन दीवारों-दरवाजों पर
मेरी अपनी परछाईं है,
इन खुलते बंद झरोखों से
मेरा अपना आकार उमड़कर आता है,
जब बजती है सांकल जर्जर दरवाजों की
यादों का इक शैलाब बिखर-सा जाता है,
जैसे जागा करता है ज्वार समुद्रों का
अंगड़ाई-सी उठती है मेरे मरुस्थल में,

रेतीली लहरों से उठता
ध्वनियों का जल
जाने कब रूप बदल लेती है कलकल में,
जैसे बुझा हुआ दीपक दे जाता है
नये-नये से अर्थ सबेरों-रातों को,
बुझे हुए रंगों का मेला वैसे ही
नये नाम दे जाता है सौगातों को,
कभी रुलाती कठपुतली संदर्भों की
कभी हँसा जाता है जोकर अर्थों का,
फूल पड़ा जो मुरझाया-सा आँगन में
जाने क्यों लगता है कभी खिलेगा वो।
कल जो बीत गया वो मेरा अपना है,
आने वाले कल तक साथ चलेगा वो!

फिर कर्ण

फिर किसी कर्ण के रथ का पहिया
ज़मीन में धंसा है
फिर कोई अर्जुन चलायेगा बाण,
धर्म की दुहाई देगा कर्ण
और अर्जुन कर्त्तव्य का नाम लेगा,
कृष्ण के इशारे पर
व्याख्या करेगा उचित और अनुचित की
रथी-महारथी करते हैं हर युग में ऐसी ही
व्यख्या
गढ़ते हैं परिभाषा न्याय-अन्याय की
मरता है कर्ण कोई ऐसे ही
वैसे ही नहीं मरता है कर्ण कोई।

अधूरा सच

जो कुछ कहा, सब सच कहा,
पर कुछ ही तो कहा, सब कुछ तो नहीं,
कभी नहीं कहता है सब कुछ कोई,
इसीलिए सच अधूरा रह जाता है।

सबके पास होता है कहने को कुछ
पर बहुत रह जाता है अनकहा,
अक्सर यह अनकहा कहे पर भारी पड़ जाता है,
और अक्सर आदमी यह बोझ नहीं सह पाता है।
सह पाये या नहीं
पर शापित होता है बोझ ढोने को यह,
शाप के बोझ तले रस्ता कट जाता है।
रास्ता कटने और राह पार करने में होता है अंतर,
मंजिल तक जाने और मंजिल पा जाने में अंतर बस इतना है,
बहुत कुछ होता है मंजिल पा जाना
पर मंज़िल तक जाना कुछ और ही होता है,
कह पाने का सुख बहुत बड़ा होता है,
उतना ही बड़ा होता है दुख न कह पाने का,
पर कहने पर कह पाने के बीच एक पड़ाव और है
कहने से रह जाने का पड़ाव,
इस समतल मैदान में पहुँचकर
पीछे की खाई और आगे के शिखर दोनों दिखते हैं,
दिखने और देखने में फिर भी एक अंतर है

देखने के लिए दृष्टि चाहिए-देखने की दृष्टि
जिसके पास होती है यह दृष्टि सच उसी को दिखता है,
आसान नहीं होता है सच को देखना,
सच को सुनना, सच को कहना,
बहुत मुश्किल होता है!

रोबोट

हाथ-पांव, आँख-कान
नाक-मुंह, सब कुछ तो है।
फूल भी है, तितली भी है
फिर क्यों बच्चा यह
भाग नहीं रहा है तितली के पीछे ?

खिड़की है,
खिड़की के बाहर आकाश है टुकड़ा भर,
बस यही, इतना ही दीख रहा
वो जहाँ क्षितिज है
मिलते हैं धरती-आकाश जहाँ
आँख कोई देख नहीं पाती उसे,
लेकिन क्यों ?

सिमट आया है सारा इतिहास
सिर्फ एक पल में—कल ही जो बीता है,
और कल आना जो
उसके सीमांतों की कल्पना कहीं नहीं,
याद नहीं, स्वप्न नहीं,
लहर या प्रवाह नहीं,
आँसू पर आह नहीं
वाह नहीं फूलों पर,
कहीं कुछ हुआ है,

पता नहीं क्या हुआ,
सिहरन नहीं होती है ओस के पांव धरे,
सुबह तो होती है
पर कोई भोर किसी मन में उतरती नहीं!

बैठी ही रहती है
तितली वो फूल पर,
फूल पर तितली वो
बैठी ही रहती है,
कोई हाथ बढ़ता नहीं उसको पकड़ने को!

पल भर का सुख

सुख का पल
केवल पल भर नहीं हुआ करता
उस पल में जीवन का विस्तार सिमट आता,
इसकी लम्बाई नापोगे, थक जाओगे।

अपने सुख की सबकी अपनी परिभाषा है,
सबको हक है,
अपनी दुनिया में जीने का,
सब अपने भ्रम की सीमाओं में बंदी हैं,
कुछ एक निराला सुख होता गम पीने का।

कुछ पाने के लालच में तो सब देते हैं
जिसको देकर सुख मिलता हो, वह दानी है!

वैसे तो देने में भी एक अहं होता
देते रहने में भी पाने का भ्रम होता,
लेकिन यह भ्रम,
या यही अहं,
रिश्ते को नये अर्थ देते,
अपने से अपनी दूरी को ये कम करते।

इस दूरी का यूँ कम होगा,
अपने को यूँ पाना-खोना

यह धूप-छांह का खेल भले ही लगता हो,
पर बहुत भला यह खेल, बहुत ही प्यारा है,
इस खेल-खेल में ही इक पल सुख बन जाता,
तब सौ योजन की रेगिस्तानी पीड़ा पर
इक छोटा-सा प्यारा-सा छाता तन जाता,
तब इंद्रधनुष उतरा करता है आँगन में,
तब एक समंदर-सा उठता-गिरता मन में,
तब एक हिमालय झुक आता है चरणों में,
तब लगता है
यह पल सुख है, यह सुख का पल,
ऐसे ही पल में सिमटा करता है जीवन,
इस पल को मत तोलो, मत नापो इस पल को,
....थक जाओगे!

उस सीमांत तक

माफ करना सूर्यभानु
मेरे विरुद्ध पतझड़ ने नहीं
वसंत ने रचा है षड़यंत्र,
और सच तो यह है
षड़यंत्र अक्सर वसंत ही रचा करते हैं,
अमृत की बूंदों से भरे-भरे बादलों ने छला है मुझे,
और तुम्हें भी सूर्यभानु,
हमको ही होता नहीं स्वीकार यह
चाहते नहीं हैं हम मानना हकीकत को
इसीलिए दोस्त छले जाते हैं बार-बार,
इसीलिए चले आते हैं बार-बार
उन्हीं उन्हीं राहों पर भली भली लगतीं जो
छूटता नहीं है मोह सीधी सपाट राहों का,
झूला है इंद्रधनुष
तो फिर क्यों गलत हो झूलने की कामना,
क्यों कोई इंद्रधनुष सपना रहे,
या फिर हक क्यों हो सपने को छलने का,
सच नहीं होते हैं सपने यह सच है,
सच यह भी है
सपनों में हम जीते बार-बार,
किंतु क्या जीना गुनाह है ?
दोस्त, मुझे जीने की चाह है, नहीं है गुनाह यह,
गुनाह यदि है तो सिर्फ यह

भली भली राहों पर चलने का मोह नहीं छूटता,
जबकि हकीकत यह, राहें बनाना ही जीने की परिभाषा,
... और एक शर्त भी,
इतना यदि जान लें, मान लें,
तो फिर कोई वसंत
मेरे-तुम्हारे खिलाफ षड़यंत्र नहीं रचेगा,
रच नहीं पायेगा,
तब जो इंद्र धनुष उगेगा
सचमुच झुलायेगा....
यहाँ से वहाँ तक,
वो जो सीमांत है... वहाँ तक!

पुकार अपना नाम

आज मैंने खुद को आवाज लगाने की कोशिश की थी,
पता नहीं आवाज निकली नहीं
या भीतर से मुड़कर आवाज नहीं आयी,
कुछ भी हुआ हो / मतलब एक ही है।
आज जो हुआ
होता है अक्सर वही।
खुल जाते हैं अक्सर
बंद दरवाजे दस्तक देने से
पर अपना ही दरवाजा
बन जाता है दीवार--बार-बार, हर बार,
क्यों होता है ऐसा ?
अनुत्तरित प्रश्नों की कतार में
बार-बार दिखता है चेहरा इस प्रश्न का,
बार-बार अपनी ही निगाहों में हार जाता हूँ मैं,
काश, अपनी आवाज पर कभी मैं आ पाता,
परछाइयों के जंगल से निकलने-उबरने का
यही एक रास्ता है
ओ मेरी आवाज तुझे अपनी ताकत का वास्ता है,
बांझ नहीं है तू--अपने को कोस मत
क्या पता अगली ही कोशिश
आखिरी और सार्थक हो,
लगा, खुद को आवाज लगा
पुकार अपना नाम।

दस्तक

हल्की-हल्की मीठी मीठी धूप उतर आयी है,
होने लगी गुदगुदाहट-सी
मुस्काने का मन करता है।

पसर गयी है ओस
पंखुड़ी चटक रही है
चटक रही है सौन चिरैया धीमे धीमे!

लगी पिघलने बर्फ आज फिर।

बर्फ पिघलना सिर्फ पिघलना नहीं बर्फ का,
बर्फ पिघलने का भी कुछ मतलब होता है,
बर्फ पिघलना जमने का बिल्कुल उल्टा है,
जब चूल्हा ठंडा पड़ जाता,
तेल दिये का जब चुक जाता,
जब मुस्कान सहम जाती है
तब-तब बर्फ जमा करती है।
रिश्तों की गर्मी खो जाती हैं,
छा जाता है बेगानापन
अंधियारे चुप्पी को घेर लिया करते हैं।
अब यह चुप्पी मुखर हो रही
अंधियारों का चक्रव्यूह अब बिखर रहा है,
आओ हाथ मिलाएँ रिश्तों को गर्मी दें,

आओ मिलकर हँसें
तोड़ दें जड़ता सारी,
अब गाने का मन करता है,
होने लगी गुदगुदाहट-सी,
हल्की हल्की मीठी-मीठी धूप उतर आयी है!

जैल मोहम्मद

जैल मोहमम्मद के पेड़ मर रहे हैं
कैंसर हो गया है उन्हें।
पहले पत्ते पीले पड़ते हैं
झर जाते हैं,
फिर सूखता है तना
और पहुँच जाता है वायरस जड़ों तक
पता नहीं क्या हो गया है जैल मोहम्मद के पेड़ों को,
पता नही क्या हो गया है उन्हें!
लोक कहते हैं कैंसर हो गया उन्हें!

ये पेड़ मेरे भी हो सकते हैं, तुम्हारे भी।
इन पेड़ों का एक नाम सपने भी हो सकता है
इंद्रधनुष भी,
संभावनाओं की बूंदों से भी भारी हो रहे बादल भी,
मुझे डर है,
हो सकते नहीं, यही नाम हैं इन पेड़ों के।

जैल मोहम्मद इन्हें शीश़म के पेड़ कहता है,
कहता है, पहले तो नहीं मरते थे पेड़ कभी इस तरह,
थपथपाता है अपने पेड़ों के तनों को जैल मोहम्मद,
फिर उसकी आँखों में आँसू उतर आते हैं,
सपने जब मरते हैं, या मरने लगते हैं,
इंद्रधनुष पड़ते हैं फीके जब,

या फिर रीत जाते हैं बादल बिन बरसे,
तब हर जैल मोहम्मद रोता है,
यह जैल मोहम्मद मैं भी हो सकता हूँ,
तुम भी!

चेहरा आदमी का

ऐक चेहरा बेकसी का है
दूसरा यह बेबसी का है
और जो पहचान खो बैठा
चेहरा वह आदमी का है।

जिसके कांधे पर उगा सूरज
रोशनी का जन्मदाता जो,
वह उजालों को तरसता है
चेहरा दर-दर भटकता वो।

ये यही थे, फिर भी लौटे हैं
ये नहीं चेहरे, मुखौटे हैं
रोज ये मंजिल बनाते हैं
बिन गये ही लौट आते हैं

हर सुबह ये सपन रचते हैं
अपने ही साये से बचते हैं
अजनबी ये स्वयं अपने से
अजनबी ये अपने सपने से

कल यह था मुस्कान का चेहरा,
यह कभी अरमान था चेहरा,

लाश है अब यह उमंगों की,
हो चुके बदरंग रंगों की।

कल सुबह का अर्थ था जाना,
आस्था का बलवती होना
रात ही जब जागते कटतीं
क्या फरक है भोर का होना

टूटता है जब कोई दर्पन
चेहरा साबुत नहीं रहता,
हर किरच से झांकता अहसास
तब बिखरने की कथा कहता।

और कितना और टूटेंगे
और कितना और हारेंगे?
और कितना और हारेंगे ?

ये जो चेहरे दिख रहे गुमसुम
बीज हैं संभावनाओं के,
कर गुजरने का कोई संकल्प
पल रहा है इन्ही चेहरों में

यह समंदर शांत ऊपर से
क्या पता, तूफान हो भीतर
क्या पता अरमान का लावा
उबल कर मचले बदल दे स्वर।

रात गहरी है हकीकत है
पर सुबह भी तो हकीकत है
वह सुबह भी तो कभी होगी।

तितलियों के रंग लायेंगे,
ये नया सूरज रचायेंगे,
नाम देंगे ये दिशाओं को,
बांध लेंगे ये हवाओं को,
और अपने को बुलायेंगे
एक चेहरा ये बनायेंगे।

पाप अपना अपना

हाँ मारो,
मारो यह पत्थर मुझको,
गलती तुमसे नहीं हो रही,
गलती तो मैंने ही की थी,
मैंने ही था दिया तुम्हारे हाथों में पत्थर,
मारो, मुझको मारो।
मैं ही था
जो आग चुराकर लाया था सूरज के घर से,
और रोशनी भी मैंने ही की थी
ताकि दिख सके तुम्हें कहीं कुछ,
लाया तो शबनम भी था मैं
भोले फूलों की गोदी से,
भूल हो गयी,
अंतर नहीं बता पाया था आग-ओस का
इसीलिए प्रायश्चित भी मेरा ही होगा,
लहू बहेगा जो माथे से
शायद मुझको ठंडक दे दे।
हम सबके कंधों पर
अपने-अपने पापों का बोझा है,
और इन्हीं कंधों पर
अपना शव भी ढोना होता हमको।
बोझ बहुत है
लेकिन सब कुछ ढोकर चलना नियति हमारी,

यानी मेरी और तुम्हारी,
मेरे पापों का प्रायश्चित मुझको करना
और तुम्हारे पापों का तुमको करना है,
मेरा पाप आग लगाने का
आग लगाने के दोषी तुम।

संकल्प

कुछ होना चुक सकता है, चुक जाता है,
संकल्प नहीं चुक सकता है कुछ होने का,
संकल्प फूल-सा हँसने का
संकल्प गगन छू आने का,
संकल्प के साथ न बहते जाने का,
ये सब कुछ
पूरा हो या रहे अधूरा
नहीं चुकेगा, सदा रहेगा।
इसका रहना ही मेरे रहने का मतलब!
किसी विंदु पर रुका अगर मैं
तो इसका यह अर्थ नहीं है राह चुक गयी,
या चलने का अब मुझमें उत्साह नहीं है,
रुकना कोई गुनाह नहीं है,
रुकना, रुककर चलना संकल्पों का बल है,
होकर के निश्शेष यदि कुछ बच जाता है,
वह जीवन है / यह बच जाना
या फिर इसे बचाने की कोशिश में जीना,
यही, यही परिभाषा है संकल्पों की,
इस परिभाषा को अर्थों का नया वितान हमें देना है,
इस कोशिश का एक नाम है अश्वत्थामा,
नहीं मरेगा अश्वत्थामा,
उसकी पीड़ा नहीं मरेगी-सदा जियेगी,
है मुझको स्वीकार शाप जीवित रहने का!

मैं जो हूँ

मैं जो हूँ
वह नहीं होना चाहता मैं
यही, यही मेरे होने का अर्थ है
और अर्थवत्ता भी!

और जो चाहता हूँ होना मैं - नहीं पता,
नहीं पता होने की यही स्थिति प्यास है,
प्यास, जो तृप्ति को देती है अर्थ
प्यास, जो पाथेय है लक्ष्य तक पहुँचने का,
मैं हूँ कहाँ, नहीं पता
जाना कहाँ है, नहीं पता
नहीं पता, इसीलिए चाहता हूँ जीना मैं,
ताकि मैं जान सकूं,
जान नहीं पाऊं तो भी प्रयास तो करूं मैं,
यही प्रयास मेरे होने की सार्थकता,
अर्थ भी, और अर्थवत्ता भी!
मैं जो हूँ
वह नहीं होना चाहता मैं।

रिहाई

जानता हूँ मैं कि कल मुझ पर
या कि जो मैंने किया, उस पर,
कोई अपना फैसला देगा,
किंतु इससे
फैसला करने का मेरा हक
कहीं पर खो नहीं जाता
इसलिए मैं फैसला दूंगा,
और जो कुछ प्राप्य है मेरा, सभी लूंगा।
और इसका दंड जो होगा, सहूँगा!

जानता हूँ, जो कहा मैंने कभी अंतिम नहीं होगा,
जो कहा कल ने, समय का सत्य ही था वह,
और हम शापित समय के सत्य को स्वीकारने को,
किंतु यह स्वीकार भी अंतिम नहीं होता,
आयेगा कल जो
उजालों के नये सच में नहायेगा,
नयी गीता सुनायेगा,
किंतु मेरा सच
समय की हो रही खण्डहर
दिवारों में उगा पीपल,
क्या हुआ जो पूजने कोई नहीं आया इसे,
किंतु पीपल है, सचाई यह,
और खण्डहर भी सचाई है,

एक सच मोहनजोदड़ो था
दूसरा मेरी रिहाई है...
हाँ, रिहाई है समझना यह
कि कोई फैसला अंतिम नहीं होता,
किंतु फिर भी फैसला करना जरूरत है,
समय की स्लेट पर लिखना जरूरत है,
उजालों के अंधेरों में कहीं दिखना जरूरत है।

मेरी सदी का इतिहास

6 दिसम्बर 1912

एक गुम्बद ढह गया है,
सत्य है यह,
किन्तु आधा सत्य ही है,
सत्य पूरा यह कि
जो गुम्बद ढहा है, वह ढहाया था किसी ने।

कौन था जिसने उजाड़ा आस्थाओं को?

जंगलों से शहर तक की यात्रा में
बहुत पाया आदमी ने।
चार पैरों की जगह
दो पैर पर चलना सुहाया आदमी को।
किंतु बाकी है कहीं हैवानियत का अंश कोई,
और जो गुम्बद ढहा,
साजिश उसी की है,
अंश जो हैवानियत का बच रहा है,
खींच लाता आदमीयत के शिखर से आदमी को।

7 दिसम्बर 1912

सूरज तो आज भी उगा हैं,
पर काला क्यों है ?

जनवरी 1913

भरी दोपहर में अंधेरा,
कौन है दोषी... सूरज या बादल ?
या फिर हमने अपनी आँखें बंद कर ली हैं?
आँखें या तो डर से बंद होती हैं
या षड़यंत्र से,
हम डर रहे हैं या साजिश रच रहे हैं?
कभी-कभी हम अपने आप से भी डरते हैं,
और अपने ही खिलाफ कभी साजिश भी रचते हैं,
वह कभी साकार है अब,
सामने है—एक दर्पण-सा हमारे सामने है,
ये जो चेहरा है डरा-सा, या डरता-सा
हमारा है!
शस्त्र भी हम हैं,
शास्त्र भी हम हैं,
हाथ भी हम हैं उठाते शस्त्र को जो,
और जिस पर वार पड़ता शस्त्र का
वह तन हमारा है,
खून जो बहता, हमारा है,
पीर सहता मन हमारा है,
जो लुटा या जो जला था घर किसी का
वह हमारा था,
पाप घर कौ लूटने का या जलाने का

हमीं से ही हुआ है।
किंतु हमको प्रायश्चित की सुध नहीं है।

12 मार्च 1993

बम
धमाका
मौत
दहशत
मैं ठीक हूँ.... अब तक !

13 मार्च 1993

मौन उस अनुभव की भाषा है,
कि जिसके बाद
कोई और अनुभव हो नहीं सकता।
मौन हूँ मै!
जो सुना, देखा,
समझने की जिसे कोशिश करी है,
आज उसके बाद कुछ भी
देखने, सुनने, समझने की
जरूरत और हिम्मत
है नहीं बाकी।
मौन हूँ मैं।

16 मार्च 1993

लिया...
दिया....
खाया....
शोर-शराबा,
आपाधापी,
वरली के दस फुट वाले गड्ढे के पास से गुजरती
बस भरी हुई है... लोकल ट्रेनों में लटके
हुए हैं लोग... हापुस की पेटी खरीद रही है रीना
कीमां। सींगदाना। अखबार। पाव भाजी। मारुति। शेयर।
डिबेंचर। इरोज का मेटिनी शो। सब फिर वैसा
ही है जैसा कल था।
कल यानी विस्फोट से पहले का कल।
सलाम बाम्बे।

कोरा कागज़

कोरा कागज,
कुछ भी लिख लो,
हर कुछ भी का
कुछ तो मतलब होता ही है
(या यूँ कह लो—होता होगा)
इस होने या हो सकने वाले अर्थों में
हमने बांध रखा अपने को।
किंतु गलत है
यह परिभाषा कुछ करने की।
करने का मतलब है
उसके परिणामों से परिचित होना,
अगर नहीं है ऐसा
तो फिर तीर नहीं है, वह तुक्का है;
तीर चलाने का मतलब है लक्ष्य बेधना।
तुमको, मुझको, उसको, सबको
अपने-अपने लक्ष्य बेंधने,
आओ लक्ष्य करें परिभाषित,
ताकि कह सकें
कोरा कागज नहीं हमारा,
कुछ भी लिख देने से इस पर
कोई अर्थ नहीं निकलेगा
इस पर जो भी लिखा जायेगा
उसका अर्थ सुनिश्चित होगा।

मरती किलकारी का दर्द

बगदाद के आकाश में चमकते हैं
रंग-बिरंगे सितारे हर रात,
सजते हैं क्रिसमस-वृक्ष वहाँ फरवरी में,
टी वी पर देखकर स्कड और पेट्रियट
तालियाँ बजाते हैं बच्चे
अमरीका के, भारत के।
अमरीका के बच्चे बजाते हैं तालियाँ,
बढ़ रही है अमेरिका के झण्डों में
संख्या सितारों की,
और भारत के बच्चे ?

बहुत दूर है बगदाद,
दूर है बहुत किलकारी मारते बच्चे का
चुप हो जाना सहसा—हमेशा के लिए,
दूर है बहुत स्तनों से उफनते दूध का जमना,
चीखों का शोर
मौत का भय
मरने की पीड़ा
दूर है सब कुछ
इसमें से कुछ नहीं पहुँचा है
भारत के बच्चों तक,
भारत के बच्चे बजाते हैं तालियाँ—इसलिए!
देखकर टी. वी. पर स्कड और पेट्रियट!

लेकिन क्या सचमुच यह दूरी बहुत है,
मरती है जब कोई किलकारी उस पार
इस पार ममता को रोना नहीं आता है?
खून जो बहता है किसी भी लड़ाई में
आदमी का होता है,
आदमी जो मरता है उस पार
इस पार आदमी के खोने का
मर्म नहीं देता है।
मरता है आदमी
आदमीयत मरती है,
कैसे फिर चीख नहीं उठती है मन में?
कैसे, हाँ कैसे,
भूल से भी भूल यह सकता है आदमी
जिस पर है हाथ उठा,
जिसको मैं मार रहा,
उसकी भी मां है, बीवी है, बच्चे हैं,
उसके भी रिश्ते हैं, उसके भी सपने हैं,
और ये सपने भी वही हैं,
जो हर आँख में पलते हैं,
हर बचपन बुनता है,
हर यौवन चुनता है एक-से सपनों को।
फूलों के सपने, झूलों के सपने
बार-बार करने को मन तरसे,
ऐसी कुछ मीठी-सी भूलों के सपने,
सपने, जो रोते हैं, सपने, जो गाते हैं,
सपने, जो आदमी को आदमी बनाते हैं,
सब मर जाते हैं,
जब कोई हिरोशिमा जलता है,
जब कोई बगदाद,
शाम का सूरज बन ढलता है।

किसी की भूख का, किसी की हवस का
शिकार बने आदमी,
नियति है युद्ध की,
नहीं, मेरी-तुम्हारी नहीं है यह नियति,
है तो, होनी नहीं चाहिए,
युद्ध चाहे मन में हो या फिर मैदान में,
आदमीयत मरती है,
आदमीयत मरे नहीं ऐसा कुछ जतन करो,
भरती किलकारी का दर्द हमें छुआ करे,
ऐसा कुछ मन करो।

मेघा तुम आये हो...

मेघा तुम आये हो, स्वागत है।

क्षमा करना तुम्हारे स्वागत में झूले नहीं डाल सका,
और न ही मन-मयूर नाचा है,
सावनी फुहारों की गंध नहीं बिखरी है
रंग नहीं छलके हैं सतरंगी चूनर के,
फिर भी, तुम आये हो... स्वागत है।

लेकिन यह याद रहे,
जब भी तुम आते हो
मेरे अभावों की गठरी खुल जाती है,
रात भर टपका करता है दर्द मेरी छत-से
और मैं
ग्रीष्म की दुपहरिया की सिमटती छाया-सा
खोखले अस्तित्व की रक्षा के नाम पर
इधर से उधर दुबकता फिरता हूँ।

मेरे छाते की कमानियां टूट चुकीं हैं मेघा
और इसके कपड़े से आकाश झांका करता है,
ठीक वैसे ही
जैसे बुधुआ के कपड़ों से उसका तन,
करीम के चप्पलों की तरह
मेरी बरसाती चप्पलें

हर साल लौट आती हैं मेरे पास,
इसीलिए मेघा,
जब भी तुम आते हो
मेरी तैयारियाँ अधूरी ही होती हैं...
...पंचवर्षीय योजनाओं की तरह।

तुम्हीं कहो, मन मयूर नाचे तो कैसे नाचे?
चूनर लहराये तो कैसे ?
फिर भी तुम आये हो, स्वागत है।

कालिदास के यक्ष का काम तुमने किया था,
एक काम मेरा भी करोगे मेघा ?

उस पार जाओ न,
एक संदेशा मेरा भी ले जाना—
कह देना
इस पार सब ठीक-ठाक है,
मेरी टपकती छत
मेरे टूटे छाते
मेरी घिसी चप्पल
मेरे बौने अस्तित्व की
बात मर करना वहाँ।
बड़ी आशाओं, बड़े अरमानों से
विदा किया था मेरे गाँव ने मुझे,
कैसे बतलाऊं उसे
यहाँ सिर्फ सांस ली जाती है- जीता नहीं है कोई,
मौसम के आने और जाने का मतलब यहाँ
सिर्फ सुबह से शाम और शाम से सुबह होना होता है,
महानगर की बरसात उल्लास नहीं लाती है,
धरती से सौंधी-सी गंध नहीं उठती यहाँ—

पत्थरों का जंगल है यह,
बादल आ जाते हैं–
सावन की तीज का सपना नहीं लाते हैं,
झूलों और चूनर की याद नहीं आती है,
याद सिर्फ रहता है–
पानी भर जायेगा... लोकल रुक जायगी...
मिल का भोंपू बजता रहेगा...
पगार कट जायेगी,
याद सिर्फ रहता है,
राशन नहीं आयेगा
भूखा क्या खायेगा, और क्या खिलायेगा?
हाँ मेघा, मेरे इस आँगन में
पेट की चिंता में मौसम लुट जाता है,
किसी मुस्कान की आहट से पहले ही
जीवन घुट जाता है।

इसीलिए कहता हूँ
उस पार जाना तो चुप ही रह जाना तुम,
जो कुछ भी देखा है अनदेखा कर जाना,
कुछ भी न कहना तुम।

आओ मेघा, स्वागत है!

हवा के पांव

चिंदियाँ बादलों की
जहाँ हैं, वहीं हैं
उदास खड़ा है पीपल न जाने कब से
दीखी नहीं है पंखियों की पांत बहुत देर हुई
चुपचुप हैं लोग बाग मेरे आस-पास
अपने अपने शून्यों को निहार रही हैं आँखें
अकेला खड़ा उड़ता रहा था वह बच्चा पतंग
जाने कटी डोर कैसे
पतंग अब आकाश में है और नहीं भी।

भारी हैं हवा के पांव-शायद।

मेरा बेटा समझदार हो गया है

मैंने दीवार पर सर मारा था,
सोचा था दीवार टूट जायेगी,
टूटेगी नहीं तो दरकेगी ज़रूर,
पर कुछ नहीं हुआ इन दोनों में से
दीवान न टूटी, न दरकी,
मेरा सर जरूर फूट गया
लहू के दाग दीवार पर भी लगे
पर लहू बहा तो मेरा ही था।

हाँ, मेरा ही बहा था लहू,
पर इसके लिए
जिम्मेदार भी खुद हूँ मैं,
मैं खुद !

अपने सही होने का गुमान क्यों होता है हमें,
क्यों हमें लगता है हम ही सही हैं?
कितनी-कितनी मर्यादाओं को तोड़ देते हैं हम
तुष्टि के लिए अपने अहं की;
पर ऐसी हर कोशिश
बौना बना जाती है हमें—अपनी ही दृष्टि में
फिर चाहे बौनेपन का अहसास हमें हो या नहीं।

आकाश उस बादल जितना ऊंचा है
मिथ्या नहीं है यह तर्क दृष्टि का,
दृष्टि का यह तर्क सही है,
तर्क सही होना ही सच नहीं होता पर,
गिलास आधा खाली है, यह आधा सच है।

अपने अपने आधे सच की बैसाखियों पर खड़े हैं हम सब,
बाकी का आधा सच हमें स्वीकार नहीं,
धृतराष्ट्र नहीं हैं हम,
हम सब गाँधारी हैं,
हमने खुद बांधी है अपनी आँखों पर पट्टी,
ताकि किसी लाक्षागृह की आग,
किसी द्रोपदी का चीर-हरण
दिखे नहीं हमें।
और हम मान लें
हुआ ही नहीं यह,
होता ही नहीं यह!
पर गाँधारी का सच
हमारा सच नहीं हो सकता,
नहीं हो सकता हमारा सच,
शापित हैं हम
अपने अपने सच को
खुली आँखों से देखने को।

मुझे इस सच से डर लगने लगा है।

मेरा बेटा मुझसे डरता है,
मेरा बेटा समझदार हो गया है,
बच्चा नहीं रहा अब!

दायित्व-त्याग

प्रमथ्यु लाया था
चुरा कर आग देवताओं की
बहुत दुख पाया था बेचारे ने,
नहीं, मैं नहीं कहूँगा
आग जलाती है,
तुम कह देना !
बहुत अंतर होता है
बहने, बह जाने में
नहीं, मैं नहीं कहूँगा
नदी बहाती है
तुम कह देना!
कौन था वो
जिसने कहा था,
सूर्य नहीं काटता है
पृथ्वी का चक्कर,
जो भी था,
आदमी नहीं था वो मेरे जैसा,
नहीं मैं नहीं कहूँगा
पृथ्वी काटती है सूरज का चक्कर
तुम कह देना!
राजा माई-बाप होता है,
नहीं करता राज, न करे
राजा कहाता है,

कठपुतली हो तब भी
राजा की बात निराली है,
राजा से धरती का टुकड़ा
राज बन जाता है
राजा के कारण
अच्छा, भला आदमी
प्रजा बन जाता है,
नहीं, मैं नहीं कहूँगा
राजा नंगा है,
तुम कह देना!

पुण्य

आदम है हब्बा को सेव दिया,
और कहा, इसे चखो,
हत्यारों ने ईसा को सलीब दी,
और कहा, 'इसे रखो',
रखो नहीं, कहा, 'इसे ढोओ',

पाप न ईसा के हत्यारों ने किया न आदम ने,
एक पुण्य ने आदमी बनाया,
दूसरे ने आदमी को जीना सिखाया।

अग्नि–परीक्षा

आग को आवाज़ देना ही नहीं काफी
पकड़कर के हाथ इसको खींचना पड़ता,
हाथ जलते हैं पकड़ने में,
झुलस जाता मन अजाने ही
और जाने क्या पिघलता है कहीं भीतर,
उमड़ता बन कर कभी लावा,
कभी ज्वालामुखी फटता,
और सारा तन फफोला बन भड़क उठता,
किंतु यह सब कुछ ज़रूरी है,
इसे सहना ज़रूरी है,
आग लानी है तो अपने आप से कहना ज़रूरी है–
बिना खुद को जलाये आग दुनिया में नहीं आती,
ये वो खेती जिसे अपने लहू से सींचना पड़ता
पकड़ कर हाथ इसको खींचना पड़ता,
आग को आवाज देना ही नहीं काफी।

●●●